PROCLAMATION

DU ROI,

Sur les Décrets de l'Assemblée Nationale,
pour la Constitution civile du Clergé,
et la fixation de son traitement.

Du 24 Août 1790.

A PARIS;

DE L'IMPRIMERIE NATIONALE.

1790.

(11)

LA ❧ LOI ❧ ET ❧ LE ❧ ROI. ❧

PROCLAMATION DU ROI,

Sur les Décrets de l'Assemblée Nationale, pour la Constitution civile du Clergé, & la fixation de son traitement. Du 24 Août 1790.

Vu par le Roi, le Décret dont voici la teneur :

Décret de l'Assemblée Nationale, du 12 Juillet 1790, sur la Constitution civile du Clergé.

» L'Assemblée Nationale, après avoir entendu le Rapport de Comité Ecclésiastique, a décrété & décrète ce qui suit, comme articles constitutionnels.

TITRE PREMIER.

Des Offices Ecclésiastiques.

« Art. I. Chaque Département formera un seul Diocèse, & chaque Diocèse aura la même étendue & les mêmes limites que le Département.

» II. Les Siéges des Evêchés des quatre-vingt-trois Départemens du Royaume seront fixés, savoir :

Celui du Département de la Seine inférieure. à Rouen.

du Calvaldos.	à Bayeux.
de la Manche	à Coutances.
de l'Orne	à Séez.
de l'Eure.	à Evreux.
de l'Oise	à Beauvais.
de la Somme . . .	à Amiens.
du Pas-de-Calais. .	à Saint-Omer.
de la Marne. . . .	à Reims.
de la Meuse. . . .	à Verdun.
de la Meurthe. . .	à Nancy.
de la Mozelle. . .	à Metz.
des Ardennes . . .	à Sedan.
de l'Aisne. . . .	à Soissons.
du Nord	à Cambray.
du Doubs.	à Besançon.

Celui du Département du Haut-Rhin . . . . à Colmar.
du Bas-Rhin . . . . . à Strasbourg.
des Vosges . . . . . à Saint - Diez.
de la Haute-Saone. . . à Vesoul.
de la Haute-Marne . . à Langres.
de la Côte-d'Or. . . . à Dijon.
du Jura . . . . à St.-Claude.
de Lille & Vilaine. . . à Rennes.
des Côtes du Nord. . . à St.-Brieue.
de Finistère . . . . . à Quimper.
du Morbihan. . . . . à Vannes.
de la Loire inférieure . à Nantes.
de Mayenne & Loire . à Angers.
de la Sarthe . . . . . au Mans.
de la Mayenne . . . . à Laval.
de Paris. . . . . . . à Paris.
de Seine & Oise . . . à Versailles.
d'Eure & Loire . . . . à Chartres.
du Loiret . . . . . . à Orléans.
de l'Yonne . . . . . à Sens.
de l'Aube . . . . . . à Troyes.
de Seine & Marne. . . à Meaux.
du Cher. . . . . . . à Bourges.
de Loir & Cher . . . à Blois.
de l'Indre & Loire. . . à Tours.
de la Vienne . . . . . à Poitiers.
de l'Indre. . . . . . à Châteauroux.
de la Creuse. . . . . à Gueret.
de l'Allier. . . . . . à Moulins.
de la Nièvre . . . . . à Nevers.
de la Gironde. . . . . à Bordeaux.
de la Vendée. . . . . à Laçon.
de la Charente infé-
rieure. . . . . . . à Saintes.
des Landes. . . . . . à Dax.
de Lot & Garonne . . à Agen.
de la Dordogne. . . . à Perigueux.
de la Corrèze. . . . . à Tulles.
de la Haute - Vienne. . à Limoges.
de la Charente . . . . à Angoulême.
des deux Sèvres. . . . à S.-Maixent.
de la Haute-Garonne. . à Toulouse.

Celui du Département du Gers. . . . . à Auch.
        des Baſſes-Pyrénées. . à Oléron.
        des Hautes-Pyrénées. . à Tarbes.
        de l'Arriège . . . . . à Pamiers.
        des Pyrénées orientales. à Perpignan.
        de l'Aude . . . . . . à Narbonne.
        de l'Aveyron . . . . . à Rhodez.
        du Lot . . . . à Cahors.
        du Tarn. . . . . . . à Alby.
        des Bouches du Rhône à Aix.
        de Corſe. . . . . . . à Baſtia.
        du Var . . . . à Fréjus.
        des Baſſes-Alpes . . . à Digne.
        des Hautes-Alpes. . . à Embrun.
        de la Drôme . . . . . à Valence.
        de la Lozère . . . . . à Mende.
        du Gard. . . . . . . à Nimes.
        de l'Héraut . . . . . à Béziers.
        de Rhône & Loire . . à Lyon.
        du Puy-de-Dôme. . . à Clermont.
        du Cantal. . . . . . à Saint-Flour.
        de la Haute-Loire. . . au Puy.
        de l'Ardèche . . . . . à Viviers.
        de l'Isère . . . . . . à Grenoble.
        de l'Ain. . . . . . . à Belley.
        de Saône & Loire. . . à Autun.

Tous les autres Evêchés exiſtans dans les quatre-vingt-trois Départemens du Royaume, & qui ne ſont pas nommément compris au préſent article, ſont & demeurent ſupprimés.

» Le Royaume ſera diviſé en dix Arrondiſſemens Métropolitains, dont les Siéges ſeront : Rouen , Reims, Beſançon , Rennes , Paris , Bourges , Bordeaux , Touloufe, Aix & Lyon. Ces Métropoles auront la dénomination ſuivante :

Celle de Rouen ſera appelée.   Métr. des Côtes de la Manche.
Celle de Reims . . . . . .   Métropole du Nord-Eſt.
Celle de Beſançon . . . . .   Métropole de l'Eſt.

Celle de Rennes	Métropole du Nord-Ouest.
Celle de Paris	Métropole de Paris.
Celle de Bourges	Métropole du Centre.
Celle de Bordeaux	Métropole du Sud-Ouest.
Celle de Toulouse	Métropole du Sud.
Celle d'Aix	Métr. des Côtes de la Méditerranée.
Celle de Lyon	Métropole du Sud-Est.

» III. L'arrondissement de la Métropole des Côtes de la Manche, comprendra les Evêchés des Départemens de la Seine inférieure, du Calvados, de la Manche, de l'Orne, de l'Eure, de l'Oise, de la Somme, du Pas-de-Calais.

L'arrondissement de la Métropole du Nord Est comprendra les Evêchés des Départemens de la Marne, de la Meuse, de la Meurthe, de la Mozelle, des Ardennes, de l'Aisne, du Nord.

L'arrondissement de la Métropole de l'Est comprendra les Evêchés des Départemens du Doubs, du Haut-Rhin, du Bas-Rhin, des Vosges, de la Haute-Saone, de la Haute-Marne, de la Côte d'Or, du Jura.

L'arrondissement de la Métropole du Nord-Ouest comprendra les Evêchés des Départemens de Lille & Vilaine, des côtes du Nord, de Finistère, du Morbihau, de la Loire inférieure, de Mayenne & Loire, de la Surthe, de la Mayenne.

L'arrondissement de la Métropole de Paris comprendra les Evêchés de Paris, de Seine & Oise, d'Eure & Loire, du Loiret, de l'Yonne, de l'Aube, de la Seine & Marne.

L'arrondissement de la Métropole du Centre comprendra les Evêchés des Départemens du Cher, de Loire & Cher, de l'Indre & Loire, de la Vienne, de l'Indre, de la Creuse, de l'Allier, de la Nièvre.

L'arrondissement de la Métropole du Sud Ouest comprendra les Evêchés des Départemens de la Gironde, de

la Vendée, de la Charente inférieure, des Landes, de
Lot & Garonne, de la Dordogne, de la Corrèze, de
la Haute-Vienne, de la Charente, des deux Sèvres.

L'arrondissement de la Métropole du Sud comprendra
les Evêchés des Départemens de la Haute-Garonne, du
Gers, des Basses-Pyrénées orientales, de l'Aude, de
l'Aveyron, du Lot, du Tarn.

L'arrondissement de la Métropole des côtes de la Mé-
diterranée, comprendra les Evêchés des Départemens des
Bouches du Rhône, de la Corse, du Var, des Basses-
Alpes, des Hautes-Alpes, de la Drome, de la Lozère,
du Gard & de l'Hérault.

L'arrondissement de la Métropole du Sud-Est comprendra les Evêchés des Départemens de Rhône & Loire,
du Puy de Dôme, du Cantal, de la haute Loire, de
l'Ardèche, de l'Isère, de l'Ain, de Saone & Loire.

« IV. Il est défendu à toute Eglise ou Paroisse de
France, & à tout Citoyen françois, de reconnoître en aucun cas, & sous quelque prétexte que ce soit, l'autorité
d'un Evêque ordinaire ou Métropolitain dont le Siége
seroit établi sous la domination d'une Puissance étran-
gère, ni celle de ses délégués, résidans en France ou
ailleurs : le tout sans préjudice de l'unité de foi, & de la
communion qui sera entretenue avec le Chef visible de
l'Eglise universelle, ainsi qu'il sera dit ci-après.

« V. Lorsque l'Evêque diocésain aura prononcé dans
son Synode sur des matières de sa compétence, il y aura
lieu au recours au Métropolitain, lequel prononcera dans
le Synode métropolitain.

« VI. Il sera procédé incessamment, & sur l'avis de
l'Evêque & de l'Administration des Districts, à une nouvelle formation & circonscription de toutes les Paroisses
du Royaume. Le nombre & l'étendue en seront déterminés d'après les règles qui vont être établies.

VII. L'Eglife cathédrale de chaque Diocèfe fera ramenée à fon état primitif d'être en même temps Eglife paroiffiale & Eglife épifcopale, par la fuppreffion des Paroiffes, & par le démembrement des habitations qu'il fera jugé convenable d'y réunir.

» VIII. La Paroiffe épifcopale n'aura pas d'autre Pafteur immédiat que l'Evêque ; tous les Prêtres qui y feront établis, feront fes Vicaires & en feront les fonctions.

I X. Il y aura feize Vicaires de l'Eglife cathédrale dans les Villes qui comprendront plus de 10,000 ames, & 12 feulement dans celles où la population fera au-deffous de 10,000 ames.

X. Il fera confervé ou établi dans chaque Diocèfe un feul Séminaire, pour la préparation aux ordres, fans entendre rien préjuger, quant à préfent, fur les autres Maifons d'inftruction & d'éducation.

XI. Le Séminaire fera établi, autant que faire fe poutra, près de l'Eglife cathédrale, & même dans l'enceinte des bâtimens deftinés à l'habitation de l'E-vêque.

XII. Pour la conduite & l'inftruction des jeunes Elèves reçus dans le Séminaire, il y aura un Vicaire fupérieur & trois Vicaires-directeurs fubordonnés à l'E-vêque.

XIII. Les Vicaire-fupérieur & Vicaires-directeurs feront tenus d'affifter avec les jeunes Ecléfiaftiques du Séminaire à tous les Offices de la Paroiffe cathédrale, & d'y faire toutes les fonctions dont l'Evêque ou fon premier Vicaire jugeront à propos de les charger.

XIV. Les Vicaires des Eglifes cathédrales, les Vi-caire-fupérieur & Vicaires-directeurs du Séminaire, formeront enfemble le confeil habituel & permanent

de l'Evêque, qui ne pourra faire aucun acte de jurif-
diction, en ce qui concerne le gouvernement du Diocèse & du Séminaire, qu'après en avoir délibéré avec
eux. Pourra néanmoins l'Evêque, dans le cours de ses
visites, rendre seul telles ordonnances provisoires qu'il
appartiendra.

XV. Dans toutes les Villes & Bourgs qui ne comprendront pas plus de 6,000 ames, il n'y aura qu'une
seule Paroisse ; les autres Paroisses seront supprimées
& réunies à l'Eglise principale.

XVI. Dans les Villes où il y a plus de 6,000 ames,
chaque Paroisse pourra comprendre un plus grand nombre de Paroissiens, & il en sera conservé autant que
les besoins des Peuples & les localités le demanderont.

XVII. Les Assemblées administratives, de concert
avec l'Evêque diocésain, désigneront à la prochaine Lé-
gislature, les Paroisses, Annexes ou Succursales des Villes
ou de Campagne qu'il conviendra de resserrer ou d'é-
tendre, d'établir ou de supprimer, & ils en indique-
ront les arondissemens, d'après ce que demanderont
les besoins des Peuples, la dignité du culte, & les différentes localités.

XVIII. Les Assemblées administratives & l'Evêque
diocésain pourront même après avoir arrêté entre eux
la suppression & réunion d'une Paroisse, convenir que
dans les lieux écartés, ou qui, pendant une partie de
l'année, ne communiqueroient que difficilement avec
l'Eglise paroissiale, il sera établi ou conservé une cha-
pelle où le Curé enverra les jours de Fêtes & de Di-
manches un Vicaire pour y dire la Messe, & faire au
Peuple les instructions nécessaires.

XIX. La réunion qui pourra se faire d'une Paroisse
à une autre, emportera toujours la réunion des biens de

la Fabrique de l'Eglife fupprimée, à la Fabrique de l'Eglife où fe fera la réunion.

XX. Tous titres & offices, autres que ceux mentionnés en la préfente Conftitution, les dignités, canonicats, prébendes, demi-prébendes, chapelles, chapellenies, tant des Eglifes cathédrales que des Eglifes collégiales, & tous chapitres réguliers & féculiers de l'un & de l'autre fexe; les abbayes & prieurés en règle ou en commende auffi de l'un & l'autre fexe, & tous autres bénéfices & preftimonies généralement quelconques de quelque nature & fous quelque dénomination que ce foit, font, à compter du jour de la publication du préfent Décret, éteints & fupprimés, fans qu'il puiffe jamais en être établi de femblables.

XXI. Tous bénéfices en patronage laïque font foumis à toutes les difpofitions des Décrets concernant les bénéfices de pleine collation ou de patronage eccléfiaftique.

XXII. Sont pareillement compris auxdites difpofitions tous titres & fondations de pleine collation laïcale, excepté les Chapelles actuellement defservies dans l'enceinte des maifons particulières par un Chapelain ou Defservant, à la feule difpofition du Propriétaire.

XXIII. Le contenu dans les articles précédens aura lieu, nonobftant toutes claufes, même de réverfion, appofées dans les actes de fondation.

XXIV. Les fondations de Meffes & autres fervices acquittés préfentement dans les Eglifes paroiffiales par les Curés & par les Prêtres qui y font attachés, fans être pourvus de leurs places en titre perpétuel de Bénéfices, continueront provifoirement à être acquittés & payés comme par le paffé, fans néanmoins que, dans les Eglifes où il eſt établi des ſociétés de Prêtres non pourvus en titre perpétuel de Bénéfices, & connus ſous les divers noms de filleuls, aggrégés, familiers, communaliſtes, mipartiſtes, chapelains ou autres, ceux d'entre eux qui viendront à mourir ou à ſe retirer, puiſſent être remplacés.

XXV. Les fondations faites pour ſubvenir à l'éducation des parens des fondateurs, continueront d'être exécutées conformément aux diſpoſitions écrites dans les titres de fondation ; & à l'égard des autres fondations pieuſes, les parties intéreſſées préſenteront leurs mémoires aux Aſſemblées de Département, pour, ſur leur avis & celui de l'Evêque diocéſain, être ſtatué par le Corps légiſlatif ſur leur conſervation ou leur remplacement.

TITRE II.

Nomination aux Bénéfices Eccléſiaſtiques.

ARTICLE PREMIER.

A compter du jour de la publication du préſent Décret, on ne connoîtra qu'une ſeule manière de pourvoir aux évêchés & aux cures : c'eſt à ſavoir la forme des élections.

II. Toutes les élections ſe feront par la voie du ſcrutin, & à la pluralité abſolue des ſuffrages.

III. L'élection des Evêques ſe fera dans la forme preſcrite & par le Corps électoral, indiquée dans le Décret du 21 Décembre 1789, pour la nomination des Membres de l'Aſſemblée de Département.

IV. Sur la première nouvelle que le Procureur-Général-Syndic du Département recevra de la vacance du Siége épiscopal, par mort, démission ou autrement, il en donnera avis aux Procureurs-Syndics des Districts, à l'effet par eux de convoquer les Electeurs qui auront procédé à la dernière nomination des Membres de l'Assemblée administrative, & en même-temps il indiquera le jour où devra se faire l'élection de l'Evêque, lequel sera, au plus tard, le troisième Dimanche après la lettre d'avis qu'il écrira.

V. Si la vacance du Siége épiscopal arrivoit dans les quatre derniers mois de l'année où doit se faire l'élection des Membres de l'Administration de Département, l'élection de l'Evêque seroit différée & renvoyée à la prochaine Assemblée des Electeurs.

VI. L'élection de l'Evêque ne pourrra se faire, ou être commencée, qu'un jour de Dimanche dans l'Eglise principale du Chef-lieu du Département, à l'issue de la Messe paroissiale, à laquelle seront tenus d'assister tous les Electeurs.

VII. Pour être éligible à un Evêché, il sera nécessaire d'avoir rempli, au moins pendant quinze ans, les fonctions du ministère ecclésiastique dans le diocèse en qualité de curé, de desservant ou de vicaire, ou comme vicaire-supérieur, ou comme vicaire-directeur du Séminaire.

VIII. Les Evêques dont les Siéges sont supprimés par le présent Décret, pourront être élus aux evêchés actuellement vacans, ainsi qu'à ceux qui vaqueront par la suite, ou qui sont érigés en quelques départemens, encore qu'ils n'eussent pas quinze années d'exercice.

IX. Les curés & autres ecclésiastiques qui, par l'effet de la nouvelle circonscription des diocèses, se trouveront dans un diocèse différent de celui où ils exerçoient leurs fonctions, seront réputés les avoir exercées dans leur nouveau diocèse, & ils y seront en conséquence éligibles, pourvu qu'ils ayent d'ailleurs le temps d'exercice ci-devant exigé.

X. Pourront aussi être élus les curés actuels qui auroient dix années d'exercice dans une cure du diocèse, encore qu'ils n'eussent pas auparavant rempli les fonctions de vicaire.

XI. Il en sera de même des curés dont les paroisses auroient été supprimées en vertu du présent Décret ; & il leur sera compté, comme temps d'exercice, celui qui se sera écoulé depuis la suppression de leur cure.

XII. Les missionnaires, les vicaires - généraux [des Evêques, les ecclésiastiques desservant les hôpitaux, ou chargés de l'éducation publique, seront pareillement éligibles, lorsqu'ils auront rempli leurs fonctions pendant quinze ans, à compter de leur promotion au Sacerdoce.

XIII. Seront pareillement éligibles tous dignitaires, chanoines, & en général tous bénéficiers & titulaires qui étoient obligés à résidence, on exerçoient des fonctions ecclésiastiques, & dont les bénéfices, titres, offices ou emplois se trouvent supprimés par le présent Décret, lorsqu'ils auront quinze années d'exercice comptées, comme il est dit des curés dans l'art. XI.

XIV. La proclamation de l'élu se fera par le Président de l'Assemblée électorale dans l'Eglise où l'élection aura été faite, en présence du peuple & du clergé, & avant de commencer la Messe solemnelle qui sera célébrée à cet effet.

XV. Le procès-verbal de l'élection & de la proclamation sera envoyé au Roi par le Président de l'Assemblée des Electeurs, pour donner à Sa Majesté connoissance du choix qui aura été fait.

XVI. Au plus tard dans le mois qui suivra son élection, celui qui aura été élu à un Evêché, se présentera en personne à son Evêque métropolitain, & s'il est élu pour le Siége de la Métropole, au plus ancien Evêque de l'arrondissement, avec le procès verbal d'élection & de proclamation; & il le suppliera de lui accorder la confirmation canonique.

XVII. Le Métropolitain ou l'ancien Evêque aura la faculté d'examiner l'élu en présence de son conseil, sur sa doctrine & ses mœurs. S'il le juge capable, il lui donnera l'institution canonique; s'il croit devoir la lui refuser, les causes du refus seront données par écrit, signées du Métropolitain & de son conseil, sauf aux parties intéressées à se pourvoir par voie d'appel comme d'abus, ainsi qu'il sera dit ci-après.

XVIII. L'Evêque à qui la confirmation sera demandée, ne pourra exiger de l'élu d'autre serment, sinon qu'il fait profession de la Religion Catholique, Apostolique & Romaine.

XIX. Le nouvel Evêque ne pourra s'adresser au Pape pour en obtenir aucune confirmation; mais il lui écrira comme au Chef visible de l'Eglise universelle, en témoignage de l'unité de foi & de la communion qu'il doit entretenir avec lui.

XX. La consécration de l'Evêque ne pourra se faire que dans son Eglise cathédrale par son Métropolitain, ou à son défaut par le plus ancien Evêque de l'arrondissement de la Métropole, assisté des Evêques des deux diocèses les plus voisins, un jour de Dimanche pendant la Messe paroissiale, en présence du peuple & du clergé.

XXI. Avant que la cérémonie de la consécration commence, l'élu prêtera, en présence des Officiers

municipaux, du peuple & du clergé, le ferment fo-
lemnel de veiller avec foin fur les fidèles du diocèfe
qui lui eft confié, d'être fidèle à la Nation, à la
Loi & au Roi, & de maintenir de tout fon pouvoir
la Conftitution décrétée par l'Affemblée Nationale &
acceptée par le Roi.

XXII. L'Evêque aura la liberté de choifir les vicaires de fon Eglife cathédrale dans tout le clergé de
fon diocèfe, à la charge par lui de ne pouvoir nommer que des prêtres qui auront exercé des fonctions
eccléfiaftiques au moins pendant dix ans; il ne pourra
les deftituer que de l'avis de fon confeil, & par une
délibération qui y aura été prife à la pluralité des
voix en connoiffance de caufe.

XXIII. Les Curés actuellement établis en aucunes
Eglifes cathédales, ainfi que ceux des Paroiffes qui feront fupprimées pour être réunies à l'Eglife cathédrale,
& en former le territoire, feront de plein droit, s'ils
le demandent, les premiers vicaires de l'Evêque, chacun
fuivant l'ordre de leur ancienneté dans les fonctions paf-
torales.

XXIV. Les vicaire-fupérieur & vicaires-directeurs du
Séminaire feront nommés par l'Evêque & fon confeil,
& ne pourront être déftitués que de la même manière que les vicaires de l'Eglife cathédrale.

XXV. L'élection des curés fe fera dans la forme
preferite, & par les Electeurs indiqués dans le Décret
du 11 Décembre 1789, pour la nomination des Membres de l'Affemblée adminiftrative du Diftrict.

XXVI. L'Affemblée des Electeurs pour la nomination aux cures fe formera tous les ans à l'époque de
la formation des Affemblées de diftrict, quand même
il n'y auroit qu'une feule cure vacante dans le diftrict, à

l'effet de quoi les Municipalités seront tenues de donner avis au Procureur-Syndic du district de toutes les vacances de cures qui arriveront dans leur arrondissement, par mort, démission ou autrement.

XXVII. En convoquant l'Assemblée des Electeurs, le Procureur-Syndic enverra à chaque Municipalité la liste de toutes les cures auxquelles il faudra nommer.

XXVIII. L'élection des Curés se fera par scrutins séparés pour chaque cure vacante.

XXIX. Chaque Electeur, avant de mettre son bulletin dans le vase du scrutin, fera serment de ne nommer que celui qu'il aura choisi en son ame & conscience, comme le plus digne, sans y avoir été déterminé par dons, promesses, sollicitations ou menaces. Ce serment sera prêté pour l'élection des Evêques, comme pour celle des curés.

XXX. L'élection des Curés ne pourra se faire, ou être commencée, qu'un jour de Dimanche dans la principale Eglise du Chef lien du District, à l'issue de la Messe paroissiale, à laquelle tous les Electeurs seront tenus d'assister.

XXXI. La proclamation des élus sera faite par le Président du Corps électoral dans l'Eglise principale, avant la Messe solemnelle qui sera célébrée à cet effet, & en présence du Peuple & du Clergé.

XXXII. Pour être éligible à une cure, il sera nécessaire d'avoir rempli les fonctions de vicaire dans une paroisse ou dans un hôpital & autre maison de charité du Diocèse, au moins pendant cinq ans.

XXXIII. Les Curés dont les paroisses seront supprimées en exécution du présent Décret, pourront être élus, encore qu'ils n'eussent pas cinq années d'exercice dans le Diocèse.

XXXIV.

XXXIV. Seront pareillement éligibles aux cures, tous ceux qui ont été ci-dessus déclarés éligibles aux Evêchés, pourvu qu'ils ayent aussi cinq années d'exercice.

XXXV. Celui qui aura été proclamé élu à une cure, se présentera en personne à l'Evêque avec le procès-verbal de son élection & proclamation, à l'effet d'obtenir de lui l'institution canonique.

XXXVI. L'Evêque aura la faculté d'examiner l'élu en présence de son conseil, sur sa doctrine & ses mœurs; s'il le juge capable, il lui donnera l'institution canonique; s'il croit devoir la lui refuser, les causes du refus seront données par écrit, signées de l'Evêque & de son conseil, sauf aux Parties le recours à la Puissance civile, ainsi qu'il sera dit ci-après.

XXXVII. En examinant l'élu qui lui demandera l'institution canonique, l'Evêque ne pourra exiger de lui d'autre serment, sinon qu'il fait profession de la Religion Catholique, Apostolique & Romaine.

XXXVIII. Les curés élus & institués, prêteront le même serment que les Evêques dans leur Eglise, un jour de Dimanche, avant la Messe paroissiale, en présence des Officiers Municipaux du lieu, du Peuple & du Clergé : jusques là ils ne pourront faire aucunes fonctions curiales.

XXXIX. Il y aura, tant dans l'Eglise cathédrale que dans chaque Eglise paroissiale, un registre particulier, sur lequel le Secrétaire-Greffier de la Municipalité du lieu écrira, sans frais, le procès-verbal de la prestation de serment de l'Evêque ou du Curé : il n'y aura pas d'autre acte de prise de possession que ce procès-verbal.

XL. Les Evêchés & les Cures seront réputés vacans, jusqu'à ce que les Elus ayent prêté le serment ci-dessus mentionné.

XLI. Pendant les vacances du Siége épiscopal, le premier, &, à son défaut, le second Vicaire de l'Eglise cathédrale, remplacera l'Evêque, tant pour les fonctions curiales que pour les actes de jurisdiction qui n'exigent pas le caractère épiscopal ; mais en tout il sera tenu de se conduire par les avis du Conseil.

XLII. Pendant la vacance d'une Cure, l'administration de la Paroisse sera confiée au premier Vicaire, sauf à y établir un Vicaire de plus, si la Municipalité le requiert ; & dans le cas où il n'y auroit pas de Vicaire dans la Paroisse, il y sera établi un Desservant par l'Evêque.

XLIII. Chaque Curé aura le droit de choisir ses Vicaires ; mais il ne pourra fixer son choix que sur des Prêtres ordonnés ou admis dans le Diocèse par l'Evêque.

XLIV. Aucun Curé ne pourra révoquer ses Vicaires que pour des causes légitimes, jugées telles par l'Evêque & son Conseil.

TITRE III.

Du traitement des Ministres de la Religion.

ARTICLE PREMIER.

Les Ministres de la Religion exerçant les premières & les plus importantes fonctions de la société, & obligés de résider continuellement dans le lieu du service auquel la confiance des Peuples les a appelés, seront défrayés par la Nation.

II. Il fera fourni à chaque Evêque, à chaque Curé & aux Deffervans des Annexes & Succurfales, un logement convenable, à la charge par eux d'y faire toutes les réparations locatives, fans entendre rien innover quant à préfent, à l'égard des Paroiffes où le logement du Curé eft fourni en argent, & fauf aux Départemens à prendre connoiffance des demandes qui feront formées par les Paroiffes & par les Curés. Il leur fera en outre affigné à tous le traitement qui va être réglé.

III. Le traitement des Evêques fera, favoir :
Pour l'Evêque de Paris, de 50,000 livres.
Pour les Evêques des Villes dont la population eft de 50,000 ames & au-deffus, de 20,000 livres.
Pour tous les autres Evêques, de 12,000 livres.

IV. Le traitement des Vicaires des Eglifes cathédrales fera, favoir :
A Paris, pour le premier Vicaire, de 6,000 livres.
Pour le fecond, de 4,000 livres.
Pour tous les autres Vicaires, de 3,000 livres.
Dans les Villes dont la population eft de 50,000 ames & au-deffus, pour le premier Vicaire, de 4,000 liv.
Pour le fecond, de 3,000 livres.
Pour tous les autres, de 2,400 livres.
Dans les Villes dont la population eft de moins de 50,000 ames, pour le premier Vicaire, de 3,000 liv.
Pour le fecond, de 2,400 liv.
Pour tous les autres, de 2,000 liv.

V. Le traitement des Curés fera, favoir : à Paris, de 6,000 livres.
Dans les Villes dont la population eft de 50,000 ames & au-deffus, de 4,000 livres.
Dans celles dont la population eft de moins de 50,000 ames, & de plus de 10,000 ames, de 3,000 livres.

Dans les Villes & Bourgs dont la population est au-dessous de 10,000 ames, & au-dessus de 5,000 ames, de 2,400 liv.

Dans toutes les autres Villes & Bourgs, & dans les Villages, lorsque la Paroisse offrira une population de 3,000 ames & au-dessous, jusqu'à 2,500, de 2000 liv; lorsqu'elle en offrira une de 2,500 ames jusqu'à 2,000, de 1,800 livres; lorsqu'elle en offrira une de moins de 2,000 & de plus de 1,000, de 1,500 livres, & lorsqu'elle en offrira une de 1,000 ames & au-dessous, de 1,200 livres.

VI. Le traitement des Vicaires sera, savoir : à Paris, pour le premier Vicaire, de 2,4000 livres : pour le second, de 1,500 livres, & pour tous les autres, de 1,000 liv.

Dans les Villes dont la population est de 50,000 ames, & au-dessus, pour le premier Vicaire, de 1,200 l. : pour le second, de 1,000 livres, & pour tous les autres, de 800 livres.

Dans toutes les autres Villes & Bourgs où la population sera de plus de 5,000 ames, de 800 livres pour les deux premiers Vicaires, & de 700 livres pour tous les autres.

Dans toutes les autres Paroisses de Villes & de Campagne, de 700 livres pour chaque Vicaire.

VII. Le traitement *en argent* des Ministres de la Religion leur sera payé d'avance, de trois mois en trois mois, par le Trésorier du District, à peine par lui d'y être contraint par corps, sur une simple sommation; & dans le cas où l'Evêque, Curé ou Vicaire, viendroit à mourir ou à donner sa démission avant la fin du quartier, il ne pourra être exercé contre lui ni contre ses héritiers, aucune répétition.

VIII. Pendant la vacance des Évêchés, des Curés & de tous Offices ecclésiastiques, payés par la Nation, les fruits du traitement qui y est attaché, seront versés dans la caisse du District, pour subvenir aux dépenses dont il va être parlé.

IX. Les Curés qui, à cause de leur grand âge, ou de leurs infirmités, ne pourroient plus vaquer à leurs fonctions, en donneront avis au Directoire du Département qui, sur les instructions de la Municipalité & de l'administration du District, laissera à leur choix, s'il y a lieu, ou de prendre un Vicaire de plus, lequel sera payé par la Nation sur le même pied que les autres Vicaires, ou de se retirer avec une pension égale au traitement qui auroit été fourni au Vicaire.

X. Pourront aussi les Vicaires, Aumôniers des Hôpitaux, Supérieurs de Séminaires, & tous autres exerçant des fonctions publiques, en faisant constater leur état de la manière qui vient d'être prescrite, se retirer avec une pension de la valeur du traitement dont ils jouissent, pourvu qu'il n'excède pas la somme de 800 livres.

XI. La fixation qui vient d'être faite du traitement des Ministres de la Religion, aura lieu à compter du jour de la publication du présent Décret, mais seulement pour ceux qui seront pourvus par la suite d'offices ecclésiastiques. A l'égard des Titulaires actuels, soit ceux dont les offices ou emplois sont supprimés, soit ceux dont les titres sont conservés, leur traitement sera fixé par un Décret particulier.

XII. Au moyen du traitement qui leur est assuré par la présente Constitution, les Évêques, les Curés & leurs Vicaires, exerceront gratuitement les fonctions épiscopales & curiales.

TITRE IV.

De la Loi de la Résidence.

ARTICLE PREMIER.

La loi de la résidence sera religeiusement observée ; & tous ceux qui seront revêtus d'un office ou emploi ecclé-siastique, y seront soumis sans aucune exception ni dis-tinction.

II. Aucun Evêque ne pourra s'absenter, chaque année, pendant plus de quinze jours consecutifs, hors de son Diocèse, que dans le cas d'une véritable nécessité, & avec l'agrément du Directoire de Département dans lequel son siége sera établi.

III. Ne pourront pareillement les Curés & les Vi-caires s'absenter du lieu de leurs fonctions, au-delà du terme qui vient d'être fixé, que pour des raisons graves; & même, en ce cas, seront tenus les Curés d'obtenir l'agrément, tant de leur Evêque, que du Directoire de leur District; les Vicaires, la permission de leur Curé.

IV. Si un Evêque ou un Curé s'écartoit de la loi de la résidence, la Municipalité du lieu en donneroit avis au Procureur - Général - Syndic du Département, qui l'avertiroit par écrit de rentrer dans son devoir, & après la seconde monition, le poursuivroit pour le faire dé-clarer déchu de son traitement pour tout le temps de son absence.

V. Les Evêques, les Curés & les Vicaires ne pour-ront accepter de charges, d'emplois ou de commissions qui les obligeroient de s'éloigner de leur Diocèse ou de leur Paroisse, ou qui les enleveroient aux fonctions de leur ministère ; & ceux qui en sont actuellement pourvus, seront tenus de faire leur option dans le délai de trois mois, à compter de la notification qui leur sera faite du présent Décret, par le Procureur-Général-Syndic de leur département; sinon & après l'expiration de ce délai, leur office sera réputé vacant, & il leur sera donné un successeur en la forme ci-dessus prescrite.

VI. Les Evêques, les Curés & les Vicaires pourront, comme citoyens actifs, assister aux Assemblées primaires & électorales, y être nommés Electeurs, Députés aux Législatures, élus Membres du Conseil général de la Commune & du Conseil des administrations des Districts & des Départemens. Mais leurs fonctions sont déclarées incompatibles avec celles de Maire & autres Officiers Municipaux, & des Membres des Directoires de District & de Département; & s'ils étoient nommés, ils seroient tenus de faire leur option.

VII. L'incompatibilité mentionnée dans l'article VI; n'aura effet que pour l'avenir; & si aucuns Evêques, Curés ou Vicaires ont été appelés par les vœux de leurs concitoyens aux offices de Maire & autres Municipaux, ou nommés Membres des Directoires de District & de Département, ils pourront continuer d'en exercer les fonctions.

TABLEAU DES MÉTROPOLES ET ÉVÊCHÉS,

Dressé conformément au précédent Décret.

NOMS des Arrondissemens Métropolitains.	SIÉGES des Métropoles.	NOMS des Départemens.	SIÉGES des Évêchés.
		Seine inférieure	Rouen.
Des Côtes de la Manche.	ROUEN	Calvados	Baieux.
		La Manche	Coutances.
		L'Orne	Séez.
		L'Eure	Évreux.
		L'Oise	Beauvais.
		La Somme	Amiens.
		Le Pas-de-Calais	Saint-Omer.
Du Nord-Est.	REIMS.	La Marne	Reims.
		La Meuse	Verdun.
		La Meurthe	Nancy.
		La Moselle	Metz.
		Les Ardennes	Sedan.
		L'Aisne	Soissons.
		Le Nord	Cambray.
De l'Est.	BESANÇON.	Le Doubs	Besançon.
		Le haut-Rhin	Colmar.
		Le bas-Rhin	Strasbourg.
		Les Vosges	Saint-Diez.
		La haute Saone	Vesoul.
		La haute Marne	Langres.
		La Côte-d'Or	Dijon.
		Le Jura	Saint-Claude.

TABLEAU DES MÉTROPOLES ET ÉVÊCHÉS.

NOMS des Arrondissemens Métropolitains.	SIÈGES des Métropoles.	NOMS des Départemens.	SIÈGES des Évêchés.
Du Nord-Ouest.	RENNES.	Lille & Vilaine....	Rennes.
		Les Côtes du Nord. .	Saint-Brieuc.
		Le Finistère........	Quimper.
		Le Morbihan........	Vannes.
		La Loire inférieure..	Nantes.
		Mayenne & Loire....	Angers.
		La Sarthe	Le Mans.
		La Mayenne........	Laval.
De Paris.	PARIS.	Paris..............	Paris.
		Seine & Oise........	Versailles.
		Eure & Loire	Chartres.
		Le Loiret..........	Orléans.
		L'Yonne	Sens.
		L'Aube	Troyes.
		Seine & Marne	Meaux.
Métropole du Centre.	BOURGES.	Le Cher............	Bourges.
		Loir & Cher.......	Blois.
		L'Indre & Loire....	Tours.
		La Vienne	Poitiers.
		L'Indre	Châteauroux.
		La Creuse..........	Guéret.
		L'Allier	Moulins.
		La Nièvre..........	Nevers.

TABLEAU DES MÉTROPOLES ET ÉVÊCHES.

NOMS des Arrondissemens Métropolitains.	SIÉGES des Métropoles.	NOMS des Départemens.	SIÉGES des Évêchés.
Du Sud-Ouest.	BORDEAUX.	La Gironde………	Bordeaux.
		La Vendée………	Luçon.
		La Charente infér…	Saintes.
		Les Landes………	Dax.
		Lot & Garonne……	Agen.
		La Dordogne……	Périgueux.
		La Corrèze……	Tulles.
		La haute-Vienne….	Limoges.
		La Charente……	Angoulême.
		Les deux Sèvres……	Saint-Maixent.
Du Sud.	TOULOUSE.	La haute-Garonne…	Toulouse.
		Le Gers…………	Auch.
		Les basses-Pyrénées..	Oléron.
		Les hautes-Pyrénées.	Tarbes.
		L'Arriège ………	Pamiers.
		Les Pyrénées orient..	Perpignan.
		L'Aude …………	Narbonne.
		L'Aveiron ………	Rhodès.
		Le Lot…………	Cahors.
		Le Tarn…………	Alby.
Des Côtes de la Méditerranée.	AIX.	Les Bouches du Rhône.	Aix.
		La Corse…………	Bastia.
		Le Var…………	Fréjus.
		Les basses-Alpes…	Digne.
		Les hautes-Alpes…	Embrun.
		La Drome………	Valence.
		La Lozère………	Mende.
		Le Gard ………	Nîmes.
		L'Hérault ………	Béziers.

TABLEAU DES MÉTROPOLES ET ÉVÊCHÉS.

NOMS des Arrondissemens Métropolitains.	SIÉGES des Métropoles.	NOMS des Départemens.	SIÉGES des Évêchés.
Du Sud-Est.	LYON.	Rhône & Loire	Lyon.
		Le Puy de Dôme	Clermont.
		Le Cantal	Saint-Flour.
		La haute Loire......	Le Puy.
		L'Ardèche..........	Viviers.
		L'Isère	Grenoble.
		L'Ain.............	Belley.
		Saone & Loire......	Autun.

DÉCRET

DE L'ASSEMBLÉE NATIONALE,

Du 24 Juillet 1790.

TRAITEMENT DU CLERGÉ ACTUEL.

ARTICLE PREMIER.

A compter du premier Janvier 1790, le traitement de tous évêques en fonctions est fixé ainsi qu'il suit :

Ceux dont tous les revenus ecclésiastiques ne vont pas à 12,000 livres, auront cette somme.

Ceux dont les revenus excèdent cette somme, auront 12,000 livres ; plus, la moitié de l'excédent, sans que le tout puisse aller au-delà de 30,000 liv.

Celui de Paris aura 75,000 livres ; tous continueront à jouir des bâtimens & des jardins à leur usage, qui sont dans la ville épiscopale.

II. Les évêques qui, par la suppression effective de leurs siéges, resteront sans fonctions, auront pour pension de retraite les deux tiers du traitement ci-dessus.

III. Le traitement des évêques conservés qui jugeroient à propos de donner leur démission, sera des deux tiers de celui dont ils auroient joui, en restant en fonctions, pourvu toutefois que ces deux tiers n'excédent pas la somme de 10,000 liv,

IV. Les Curés actuels auront le traitement fixé par le Décret général sur la nouvelle organisation du Clergé ; & s'ils ne vouloient pas s'en contenter, ils auront, 1°. 1,200 liv., 2°. la moitié de l'excédent de tous leurs revenus ecclésiastiques actuels, pourvu que le tout ne s'élève pas au delà de 6,000 liv. ; ils continueront tous à jouir des bâtimens à leur usage, & des jardins dépendans de leurs cures, qui sont situés dans le chef lieu de leurs bénéfices.

V. Le traitement des Vicaires actuels sera le même que celui fixé par le Décret général sur la nouvelle organisation du Clergé.

VI. Au moyen des traitemens fixés par les précédens articles, tant en faveur des Evêques que des Curés & Vicaires, la suppression du casuel ainsi que des prestations qui se perçoivent sous le nom de mesures par feu, ménage, moissons, passion, ou sous telle autre dénomination que ce puisse être, aura lieu, à compter du premier Janvier 1791. Jusqu'à cette époque ils continueront de les percevoir. Les droits attribués aux fabriques continueront d'être payés, même après ladite époque, suivant les tarifs & réglemens.

VII. Les traitemens qui viennent d'être déterminés pour les Curés & Vicaires, auront lieu à compter du premier Janvier 1791.

VIII. En ce qui concerne la présente année, les Curés auront, outre leur casuel ; savoir, ceux dont le revenu excède 1,200 liv., 1°. ladite somme de 1,200 liv. ; 2°. la moitié de l'excédent, pourvu que le tout n'aille pas à plus de 6,000 liv.

A l'égard de ceux dont le revenu est inférieur à 1,200 liv., ladite somme leur sera payée comme il suit :

Ils toucheront d'abord ce qu'ils étoient dans l'usage de

recevoir, ainsi & de la manière qu'ils le recevoient par le passé, & le surplus leur sera compté dans les six premiers mois de 1791, par les receveurs des Districts.

IX. Les vicaires des Villes, outre leur casuel, jouiront aussi, pendant la présente année, de la somme qu'on étoit dans l'usage de leur payer ; à l'égard de ceux des campagnes, ils auront, outre leur casuel, la somme de 700 liv. qui leur sera payée de la manière portée par l'article ci-dessus.

X. Les Abbés & Prieurs-Commendataires, les Dignitaires, Chanoines-Prébendés, semi-Prébendés, Chapelains, Officiers Ecclésiastiques, pourvus de titres dans les Chapitres supprimés, & tous autres Bénéficiers généralemens quelconques dont les revenus ecclésiastiques n'excéderont pas 1,000 liv. n'éprouveront aucune réduction.

Ceux dont les revenus excèdent ladite somme, auront 1°. 1,000 liv. ; 2°. la moitié du surplus, sans que le tout puisse aller au-delà de 6,000 liv., ce qui aura lieu à compter du premier Janvier 1790.

XI. Dans les Chapitres où les revenus sont partagés par les statuts en prébendes inégales auxquelles on parvient successivement par option ou par ancienneté, le sort de chaque Chanoine sera déterminé sur le pied de ce dont il jouit actuellement ; mais lorsqu'un des anciens Chanoines mourra, son traitement passera au plus ancien des Chanoines, dont le traitement se trouvera inférieur, & ainsi successivement, de sorte que le traitement qui étoit le moindre, sera le seul qui cessera.

La faculté de parvenir à un traitement plus considérable n'aura lieu qu'en faveur des Chanoines qui seront engagés dans les ordres sacrés.

XII. Dans les Chapitres où, par les Statuts ou l'usage les prébendes des nouveaux Chanoines tout, pendant un temps déterminé, partagées en tout ou en partie entre les anciens Chanoines, on n'aura aucun égard à cet usage ; le traitement de chaque Chanoine sera fixé sur le pied d'une simple prébende.

XIII. Il pourra être accordé, sur l'avis des Directoires de Département & de District, aux Ecclésiastiques qui, sans être pourvus de titres quelconques, sont attachés à des Chapitres, sous le nom d'habitués, ou sous toute autre dénomination, ainsi qu'aux Officiers laïques, Organistes, Musiciens, & autres personnes employées pour le service divin, & aux gages desdits Chapitres séculiers & réguliers, un traitement, soit en gratification, soit en pension, suivant le temps, & la nature de leurs services, & eu égard à leur âge & leurs infirmités ; & cependant les appointemens ou traitemens dont ils jouissent, leur seront payés la présente année.

XIV. Les Abbés réguliers perpétuels & les Chefs d'ordre inamovibles jouiront, à l'époque qui sera déterminée pour les pensions des Relieux ; savoir, ceux dont les maisons ont un revenu de 10,000 liv., d'une somme de 2,000 liv ; & ceux dont la maison a un revenu plus considérable, du tiers de l'excédent, sans que le tout puisse aller au-delà de 6,000 liv.

XV. Après le décès des Titulaires des Bénéfices supprimés, les Coadjuteurs entreront en jouissance d'un traitement, à raison du produit particulier du bénéfice, lequel traitement sera fixé à la moitié de ceux décrétés par les articles précédens. Dans le cas néanmoins où les Coadjuteurs auroient d'ailleurs, à raison d'autres bénéfices ou pensions, un traitement actuel égal à celui ci-dessus, ils n'auront plus rien à prétendre ; & s'il est inférieur, il sera augmenté jusqu'à concurrence de la moitié des traitemens décrétés par les précédens articles.

XVI. A compter du premier Janvier 1790, les Evêques qui se sont anciennement démis, les Coadjuteurs des Evêques suffragans de Trèves & de Basle résidans en France, jouiront d'un traitement annuel de 10,000 liv., pourvu que leur revenu ecclésiastique actuel en bénéfices ou pensions monte à cette somme ; & si ce revenu est inférieur, ils n'auront de traitement qu'à concurrence de ce revenu. Leur traitement comme Coadjuteurs cessera lorsqu'ils auront un titre effectif.

XVII. Les Ecclésiastiques qui n'ont d'autres revenus ecclésiastiques que des pensions sur bénéfices, continueront d'en jouir, pourvu qu'elles n'excèdent pas 1,600 liv. ; & si elles excèdent ladite somme, ils jouiront, 1°. de la moitié de l'excédent, pourvu que le tout n'aille pas au-delà de 3,000 liv. La réduction déterminée par cet article aura lieu à compter du premier Janvier 1790.

XVIII. Les pensions sur bénéfices dont les biens se trouveront régis par les Economats, seront aussi continuées dans les mêmes proportions que ci-dessus.

XIX. Il en sera de même des pensions retenues suivant les Loix canoniques, en suite de résignation ou permutation, tant des cures que d'autres bénéfices.

XX. Les pensions assignées sur la caisse des Economats, sur celle du Clergé & autres biens ecclésiastiques, ainsi que les indemnités, dons, aumônes ou gratifications, dont les revenus ecclésiastiques quelconques pèuvent être chargés, seront réglées incessamment sur le Rapport du Comité des pensions assignées sur le Trésor public.

XXI. Toutes les pensions, excepté celles créées par les Curés en suite de résignation ou permutation de leur cure, & celles qui n'étoient sujettes à aucune retenue, continueront de n'être comptées, dans tous les cas, que pour leur

valeur

valeur réelle, c'est-à-dire, déduction faite des trois dixiè-
mes dont la retenue étoit ordonnée.

XXII. Pour parvenir à fixer les divers traitemens réglés
par les articles précédens, chaque titulaire dressera, d'après
les baux actuellement existans, pour les objets tenus à
bail ou ferme, & d'après les comptes de régie & exploitation pour les autres objets, un état estimatif de tous
les revenus ecclésiastiques dont il jouit, ainsi que des
charges dont il est grévé : ledit état sera communiqué
aux Municipalités des lieux où les biens sont situés, pour
être contredit ou approuvé ; & le directoire du Département dans lequel se trouve le Chef lieu du bénéfice donnera sa décision, après avoir pris l'avis du Directoire du
District.

XXIII. Seront compris dans la masse des revenus ecclésiastiques dont jouit chaque Corps ou chaque individu, les
pensions sur bénéfices, les dîmes, les déports qui formoient
l'unique dotation des archidiacres & archiprêtres ; mais le
casuel, ainsi que le produit des droits supprimés sans indemnité, ne pourront y entrer.

XXIV. Les portions congrues, y compris leur augmentation, les pensions dont le titulaire est grévé, les frais du
Culte divin, la dépense pour le bas-chœur & les Musiciens,
lorsque les corps ou les individus en seront chargés ; &
toutes les autres charges réelles, ordinaires & annuelles,
seront déduites sur ladite masse : le traitement sera ensuite
fixé sur ce qui restera d'après les proportions réglées par les
articles précédens.

XXV. La réduction qui sera faite, à raison de l'augmentation des portions congrues, ne pourra néanmoins opérer
la diminution des traitemens des Titulaires actuels au-
dessous du *minimum* fixé pour chaque espèce de bénéfice.

XXVI. Les Titulaires qui tiendront des maisons de leur Corps à titre de vente à vie, ou à bail à vie, en jouiront jusqu'à leur décès, à la charge de payer incessamment au receveur du District où se trouvera le Chef-lieu du bénéfice, le prix de la vente dont ils seroient en arrière, & le prix du bail, aux termes y portés.

XXVII. A l'égard des Chapitres dans lesquels des titres de fondation ou donation, des Statuts homologués par arrêt, ou revêtus de Lettres-patentes duement enregistrées, ou un usage immémorial donnoient à l'acquéreur d'un Maison canoniale, à ses héritiers ou ayans-cause un droit à la totalité ou à une partie du prix de la revente de cette maison, ces Titres & Statuts seront exécutés suivant leur forme & teneur, & l'usage immémorial sera suivi comme par le passé. En conséquence les Titulaires possesseurs desdites maisons, leurs héritiers ou ayans-cause, pourront en disposer comme bon leur semblera, à la charge par eux de payer au Receveur du District, outre ce qui sera porté dans les Titres & Statuts, ou réglé par l'usage immémorial, le sixième de la valeur des maisons suivant l'estimation qui en sera faite; & dans le cas où le droit n'existeroit pas, les Titulaires possesseurs n'auront que la jouissance accordée par l'article précédent.

XXVIII. Les Donateurs desdites maisons & autres qui prétendront avoir droit de toucher une somme à chaque mutation, ou d'autres droits quelconques sur lesdites maisons, ne pourront exercer leur action que contre les Titulaires auxquels il est permis d'en disposer par l'article II, sauf à ceux-ci leurs exceptions & défenses au contraire.

XXIX. Les Titulaires des bénéfices supprimés, qui justifieroient en avoir bâti ou reconstruit entièrement à neuf la maifon d'habitation à leurs frais, jouiront pendant leur vie de ladite maifon.

XXX. Néanmoins lors de l'aliénation qui fera faite, en vertu des Décrets de l'Affemblée, des maifons dont la jouiffance eft laiffée aux Titulaires, ils feront indemnifés de la valeur de ladite jouiffance, fur l'avis des adminiftrations de Diftrict ou de Département.

XXXI. Les maifons dont la jouiffance ou la difpofition eft accordée aux Titulaires par les articles 25, 26 & 28, n'entreront pour rien dans la compofition de la maffe de leurs revenus eccléfiaftiques, qui fera faite par la fixation de leur traitement; & ceux auxquels la jouiffance en eft accordée, tant qu'ils jouiront, refteront obligés à toutes les réparations & à toutes les charges.

XXXII. Les revenus des bénéfices dont le titre eft en litige, n'entreront dans la formation de la maffe à faire pour fixer le traitement des prétendans auxdits bénéfices, que pour *mémoire*, jufqu'au jugement du procès; fauf, après la décifion, à accorder le traitement réfultant defdits bénéfices à qui de droit; & les compétiteurs ne pourront faire juger que contradictoirement avec le Procureur-Général-Syndic du Département où s'en trouvera le Chef-lieu.

XXXIII. Les titulaires qui font autorifés à continuer, pour la préfente année feulement, la régie & l'exploitation de leurs biens, retiendront par leurs mains les traitemens fixés par les articles précédens; & les autres feront payés defdits traitemens à la caiffe du diftrict, fur les premiers deniers qui y feront verfés par les fermiers ou locataires.

XXXIV. Tous ceux auxquels il eft accordé des traitemens ou penfions de retraite, & qui dans la fuite feroient pourvus d'offices ou emplois pour le service divin, ne conserveront que le tiers du traitement qui leur est accordé par le présent Décret, & ils jouiront de la totalité de celui attribué à la place dont ils rempliront les fonctions ; dans le cas où ils se trouveroient de nouveau sans office ou emploi du même genre, ils reprendroient la jouissance de leur pension de retraite.

XXXV. La moitié de la somme formant le *minimum* du traitement attribué à chaque classe d'ecclésiastiques, tant en activité que sans fonctions, sera insaisissable.

XXXVI. Les administrateurs de département & de district prendront la régie des bâtimens & édifices qui leur ont été confiés par les Décrets des 14 & 20 Avril dernier, dans l'état où ils se trouveront ; en conséquence, les bénéficiers actuels, maisons, corps & communautés, ne seront inquiétés en aucune manière pour les réparations qu'ils auroient dû faire.

XXXVII. Néanmoins ceux desdits bénéficiers qui auroient reçu de leurs prédécesseurs ou de leurs représentans, des sommes ou valeurs, moyennant lesquelles ils se seroient chargés, en tout ou en partie, desdites réparations, seront tenus de prouver qu'ils ont rempli leurs engagemens ; ceux qui ont obtenu des coupes de bois pour faire aucunes réparations ou réédifications, seront tenus d'en rendre compte au directoire du chef lieu du bénéfice.

XXXVIII. A dater du premier Janvier 1791, les traitemens seront payés de trois mois en trois mois ; savoir, aux Evêques, Curés & Vicaires, par le Receveur de lent District, & à tous les autres, ainsi qu'aux titulaires & pensionnaires, par le Receveur du District dans lequel ils fixeront leur domicile ; & seront les quittances allouées pour comptant aux Receveurs qui auront payé.

XXXIX. Les Evêques & les Curés conservés dans leurs fonctions ne pourront recevoir leur traitement qu'au préable ils n'ayent prêté le serment prescrit par les articles 21 & 38 du titre 2 du Décret sur la Constitution du Clergé.

XL. Les Administrateurs & Desservans des Eglises catholiques établies dans l'étranger, notamment dans les lieux restitués à l'Empire par le traité de Riswich, continueront de recevoir, comme par le passé, des mains du Receveur du District le plus prochain, le même traitement qui leur a été payé sur les deniers publics levés en France. Le directoire du Département, sur l'avis du Directoire du District, ordonnera & fera fournir par le même Receveur ce qui sera nécessaire pour les frais du culte dans lesdites Eglises, conformément à l'usage; le tout provisoirement, & jusqu'à ce que l'Assemblée ait pris un parti définitif.

ARTICLES ADDITIONNELS.

Du 3 Août 1790.

L'Assemblée Nationale, expliquant différens articles de son Décret du 24 Juillet dernier, sur le traitement du Clergé actuel, décrète ce qui suit :

ARTICLE PREMIER.

Le traitement des Vicaires des Villes, pour la présente année, sera, suivant l'article IX du Décret du 24 Juillet dernier, outre leur casuel, de la même somm e qu'ils sont en usage de recevoir; & dans le cas où cette somme réunie à leur casuel ne leur produiroit pas celle de 700 liv., ce qui s'en manquera leur sera payé dans les six premiers mois de l'année 1791.

II. Si les titulaires de bénéfices éprouvent, dans leur traitement, une diminution résultante de celle qui proviendra de l'augmentation des portions congrues des Curés jusqu'à concurrence de 500 liv., & des Vicaires jusqu'à concurrence de 350 liv., & du retranchement des droits supprimés sans indemnité, les pensionnaires supporteront une diminution proportionnelle à celle des titulaires sur leurs revenus provenant des bénéfices sujets à pension.

III. La réduction qui sera faite par le retranchement des droits supprimés sans indemnité, ne pourra, de même que celle mentionnée dans l'article XXV dudit décret, & résultante de ladite augmentation des portions congrues, opérer la diminution des traitemens des titulaires, ni des pensions au-dessous du *minimum* fixé pour chaque espèce de bénéfice & pour les pensions.

IV. Les Evêques & les Curés qui auroient été pourvus, à compter du premier Janvier 1790, jusqu'au jour de la publication du décret du 12 Juillet suivant, sur l'organisation nouvelle du Clergé, n'auront d'autre traitement que celui attribué à chaque espèce d'office par le même décret.

V. A l'égard des titulaires des autres espèces de bénéfices en patronage laïque, ou de collation laïcale, qui auroient été pourvus, dans le même intervalle de temps, autrement que par voie de permutation des bénéfices qu'ils possédoient avant le premier Janvier 1790, ils n'auront d'autre traitement que celui accordé par l'article X dudit décret du 24 Juillet, sans que le *maximum* puisse s'élever au-delà de 1,000 liv.

Quant à ceux qui auroient été pourvus pendant ledit temps, par voie de permutation, des bénéfices du genre ci-dessus, qu'ils possédoient avant le premier Janvier

1790, le *maximum* de leur traitement, pourra suivant ledit article X, s'élever à la somme de 6,000 liv.

VI. Les bénéficiers dont les revenus anciens auroient pu augmenter, en conséquence d'unions légitimes & consommées, mais dont l'effet se trouveroit suspendu, en tout ou en partie, par la jouissance réservée aux titulaires dont les bénéfices avoient été supprimés & unis, recevront au décès desdits titulaires une augmentation de traitement proportionnelle à ladite jouissance, sans que cette augmentation puisse porter leur traitement au-delà du *maximum* déterminé pour chaque espèce de bénéfice.

DÉCRET

Pour accélérer la liquidation & le paiement du traitem du Clergé actuel.

Des 6 & 11 Août.

L'Assemblée Nationale, ouï le rapport de son Comité Ecclésiastique, voulant accélérer la fixation des traitemens accordés aux Ecclésiastiques par ses précédens Décrets ; desirant aussi en faciliter l'acquittement pour la présente année & celles à venir, & connoître la dépense de l'année 1791, tant pour ces traitemens que pour les pensions des ordres religieux, décrète ce qui suit :

ARTICLE PREMIER.

Dans le mois, à compter de la publication du présent Décret, tous ceux à qui il a été accordé des traitemens ou pensions, seront tenus, pour satisfaire à l'art. 22 du Décret du 24 Juillet dernier, de se conformer à ce qui est réglé ci-après ; à défaut de quoi, ils ne seront point compris dans les états dont sera parlé dans les articles suivans.

C 4

II. Les Evêques & les Curés conservés dans leurs fonctions, adresseront au directoire du District de leur résidence l'état de tous les revenus & pensions dont ils jouissoient, duquel état le secrétaire du District leur donnera son récépissé.

III. Les membres des Chapitres & de tous autres Corps, ainsi que les Ecclésiastiques & les personnes qui leur sont attachés, & qui sont autorisés par l'art. 13 du Décret du 24 Juillet dernier, à présenter des mémoires pour obtenir des traitemens, pensions ou gratifications, s'adresseront au directoire du District desdits établissemens, dans quelques endroits que soient leurs revenus, tant en pension qu'autrement.

IV. Les titulaires qui n'avoient qu'un bénéfice, sans pension ou avec des pensions, s'adresseront au directoire du District du chef-lieu de ce bénéfice.

V. Ceux qui en avoient plusieurs, également sans pension ou avec des pensions, s'adresseront au directoire du District dans lequel se trouvera le chef-lieu du bénéfice du plus grand produit.

VI. Les Ecclésiastiques qui n'ont que des pensions, & qui n'en ont que sur un bénéfice, s'adresseront, pour les faire régler, au directoire du District auquel le titulaire doit présenter l'état de ses revenus ecclésiastiques.

VII. Quant à ceux qui en ont sur plusieurs bénéfices, ils s'adresseront au directoire du District dans lequel se trouvera le chef-lieu du bénéfice sur lequel sera assignée la plus forte pension, à la charge de rappeler la nature & la quotité des autres.

VIII. Par rapport à ceux qui en ont sur des bénéfices tombés aux Economats, encore qu'ils en eussent sur d'autres bénéfices, ils s'adresseront à la Municipalité de Paris.

IX. Les Directoires de District auxquels on se sera adressé, prendront, avant de donner leur avis, des Directoires des Districts de la situation des biens , les éclaircissemens qu'ils jugeront néceffaires , & ces Directoires feront tenus de les leur donner fans délai à la première réquifition.

X. Au moyen des difpofitions contenues en l'article 9 ci-deffus ; & pour une plus grande accélération , les Titulaires & les penfionnaires font difpenfés de communiquer eux-mêmes leur état aux Municipalités.

XI. Les Directoires de Diftrict , chargés de donner leur avis , y procéderont fans délai ; ils inferiront fur un regiftre qu'ils tiendront à cet effet , & ils feront mention du nom , du titre & du domicile du réclamant , ainfi que du montant des traitemens , penfions ou gratifications , tant de ce qui aura été demandé , que de ce qu'ils eftimeront devoir être réglé.

XII. Néanmoins s'il fe trouvoit des traitemens , penfions , ou gratifications , fur lefquels ils ne pourroient donner promptement leur avis définitif , ils le donneront provifoirement fur ce qui fera fans difficulté ; & , dans fix mois , à compter de ce jour , ils s'expliqueront définitivement.

XIII. Dans trois femaines après l'expiration du délai d'un mois accordé aux Titulaires par l'article premier du préfent Décret , les Directoires de Diftrict enverront à ceux de Département un extrait des avis qu'ils auront donnés , avec un expofé fuccinct de leurs motifs , & il fera donné aux donné aux Eccléfiaftiques qui le requerront , une copie de l'avis du Directoire du Diftrict.

XIV. Ils joindront audit extrait un tableau conforme au modèle qui leur fera envoyé de la dépenfe , tant de la préfente année que de l'année 1791 , pour les traitemens , penfions , ou gratifications fur lefquels ils auront donné leur avis.

XV. Ils placeront fur le même tableau le nombre

des Religieux, des Religieuses & Chanoinesses de leur ressort, en distinguant les Religieux seulement qui sont âgés de moins de 50 ans, ceux de 50 ans & plus, ceux de 70 ans & au-delà, & enfin ceux qui sont mendians & ceux qui ne le sont pas, sous autant de colonnes que ces différentes distinctions pourront l'exiger.

XVI. Dans trois semaines après l'expiration du délai fixé pour les Directoires de District, les Directoires de Département arrêteront, & fixeront définitivement les traitemens ou pensions dont le tableau leur aura été adressé; & dans le même délai ils enverront à l'Assemblée Nationale un tableau général formé de ceux des Districts.

XVII. A l'égard des traitemens ou pensions qu'ils ne pourroient régler définitivement, ils les arrêteront provisoirement jusqu'à concurrence du *minimum* de chaque espèce de bénéfice, ou jusqu'à concurrence de ce qui ne fera point de difficulté; &, dans neuf mois, à compter de ce jour, ils régleront définitivement ce qui se trouvera en arrière.

XVIII. Ils inscriront leurs décisions dans la forme prescrite pour les Directoires de District, sur un registre qu'ils tiendront à cet effet; & ils auront soin de ne donner, de même que les Directoires de District, qu'un simple avis sur les demandes qui seront faites par les personnes mentionnées dans l'article 13 du Décret du 24 Juillet dernier, dont ils renverront la décision à l'Assemblée Nationale, avec les motifs de leur avis.

XIX. Pour la plus prompte expédition, tant des travaux ci-devant expliqués, que de ceux dont ils sont ou seront chargés, les Directoires de District, & ceux de Département, pourront s'adjoindre pendant six mois; savoir, les premiers, deux Membres, & les seconds, quatre Membres de ces administrations, lesquels auront voix délibérative : les Directoires de District pourront en outre déléguer aux Municipalités qu'ils défigneront, telle partie de leurs travaux qu'ils jugeront à propos.

XX. Tous les Eccléfiaftiques, féculiers & réguliers, qui ont dû continuer la geftion de leurs biens, en rendront compte dans le courant de Janvier 1791.

XXI. Les comptes feront préfentés aux Directoires de Diftrict qui, pour les débattre, prendront des Municipalités les éclairciffemens néceffaires, & ils feront arrêtés par les Directoires de Département.

XXII. Les Directoires de Diftrict & de Département où feront portés ces comptes, feront les mêmes que ceux déterminés par les articles 2, 3, 4, 5, 6 & 7 du préfent Décret concernant les opérations relatives à la fixation des traitemens, penfions ou gratifications.

XXIII. Les comptables pourront porter dans la dépenfe de leur compte le montant de leurs traitemens, penfions ou gratifications de la préfente année, même les Curés, ce qu'ils auront payé à leurs Vicaires.

XXIV. Si par la recette que les comptables auront faite, ils ne font pas remplis de leurs avances, ou de leurs traitemens, penfions ou gratifications, ce qui s'en manquera leur fera payé inceffamment, fans cependant avancer le paiement des augmentations accordées aux Curés & aux Vicaires, qui ne doivent leur être comptées que dans les fix premiers mois de 1791; & fi les comptables font reliquataires, ils pourront retenir fur leur reliquat, le premier quartier de leurs traitemens ou penfions de l'année 1791: quant au reftant, ils feront tenus de le verfer dans la caiffe du Diftrict au Directoire duquel ils auront rendu compte.

XXV. A l'égard de ceux dont les revenus étoient affermés, ils recevront fur les premiers deniers qui entreront en caiffe, leurs traitemens, penfions ou gratifications de la préfente année des mains des Receveurs des Diftricts aux Directoires dequels ils auront adreffé leurs Etats ou Mémoires pour les faire liquider.

XXVI. Il en fera de même pendant la préfente année pour tous les penfionnaires fur des bénéfices non tombés aux Economats; quant à ceux qui ont des penfions fur des bénéfices aux Economats, ils les recevront la préfente année des mains du Receveur de cette adminiftration, ou du Tréforier de la Municipalité de Paris.

XXVII. Les Receveurs de Diftrict font & demenrent chargés, à peine de refponfabilité, de faire toutes diligences pour faire rentrer tous les fermages, loyers, arrérages, & toutes autres dettes actives, de quelque nature qu'elles foient échues actuellement, même avant le premier Janvier 1790, & qui écherront par la fuite; & néanmoins les titulaires particuliers dont les revenus forment une menfe individuelle, & les Membres des Corps qui avoient une bourfe particulière, ou qui en partageoient les fruits, pourront toucher directement des Fermiers & Débiteurs les fermages & arrérages échus avant le premier Janvier 1790, même ceux repréfentatifs des fruits crûs en l'année 1789 & les précédentes, à quelqu'époque qu'ils foient dûs, en juftifiant qu'ils ont acquitté le premier tiers de leur Contribution patriotique, enfemble toutes les charges bénéficiales autres que les réparations à faire, pour l'acquit defquelles ils n'ont reçu aucune fomme de leurs prédéceffeurs; pour quoi ils feront tenus de déclarer dans quinzaine, à comter du préfent Décret, aux Directoires de Diftrict, qu'ils entendent ufer de la faculté qui leur eft préfentement accordée de requérir dans le mois & d'obtenir enfuite une ordonnance de vérification de l'acquit des obligations ci-deffus du Directoire du Département dans le reffort duquel fe trouve le chef-lieu du bénéfice, laquelle ordonnance fera rendue fur l'avis du Directoire de Diftrict.

XXVIII. L'Affemblée ayant déclaré nationales toutes

les dettes passives légalement contractées par le Clergé ; & entendant y comprendre celles qui seront reconnues suivant les règles qui seront incessamment déterminées , légitimement contractées par les Corps , Maisons & Communautés , séculiers & réguliers , dont l'administration a été reprise en vertu du Décret des 14 & 20 Avril dernier , déclare pareillement nationales toutes les dettes actives des mêmes Corps , Maisons & Communautés : en conséquence , il ne pourra être ordonné par aucun Administrateur , ni être fait par les Receveurs des Districts auxdits Corps , aucun paiement des sommes provenant des causes énoncées en l'article ci-dessus.

XXIX. Toutes les sommes qui doivent être versées dans les Caisses des Receveurs de District , seront payées par les Débiteurs , nonobstant toutes saisiess arrêts ou oppositions existant entre leurs mains , lesquelles tiendront entre celles desdits Receveurs.

XXX. Les Fermiers dont le prix de bail sera en denrées , ainsi que les redevables de rentes de même nature , seront tenus de payer en argent , d'après l'évaluation des denrées ; portée dans le tableau déposé au Greffe de la Justice Royale du lieu , au moment de l'échéance des termes , & il leur sera donné , pour faire leur paiement , un délai de trois mois après l'échéance des termes.

XXXI. Les Fermiers & Locataires principaux paieront au Receveur du District dans lequel se trouvera le chef-lieu du bénéfice , ou de l'établissement des corps dont ils tiendront les biens , quelque part qu'ils soient situés , sous l'exception énoncée en l'article XXVII , laquelle aura également lieu pour les articles XXXII , XXXIII , XXXIV & XXXV ci-après.

XXXII. Cependant , s'ils tiennent leurs baux du même bénéficier , ou d'un même corps , à des prix distincts & séparés , pour des biens dépendans du même bénéfice ou du même corps , & situés dans différens Districts , ou dépendans de plusieurs bénéfices, & situés également dans des Districts différens, ils paieront au Receveur du District de la situation des biens.

XXXIII. S'ils tiennent d'un seul bénéficier des biens dépendans de plusieurs bénéfices situés dans differens Districts, & si les baux ne contiennent pas des prix distincts & séparés, ils paieront au Receveur du District où se trouvera le bénéfice du plus grand produit.

XXXIV. Les Sous-Fermiers qui n'auront pas été par le bail délégués à payer au Bailleur lui-même, paieront au Fermier principal, à la charge de donner préalablement au Receveur du District, connoissance du sous-bail; & celui-ci, de l'avis du Directoire, pourra faire entre les mains des Sous-Fermiers telles saisies-arrêts ou oppositions qu'il jugera convenables pour la sûreté des deniers.

XXXV. Tous les autres débiteurs paieront au Receveur du District de l'établissement du Corps ou du chef-lieu du bénéfice, de la manière qu'ils étoient tenus de payer auxdits Bénéficiers & auxdits Corps.

XXXVI. Lesdits débiteurs seront tenus de déclarer dans la quinzaine, à compter de la publication du présent Décret, au Secrétariat des Districts, indiqué par l'article ci-dessus, ce qu'ils devront, à peine d'une amende de la valeur de la somme due, à l'exception cependant des redevables des cens & rentes ci-devant seigneuriales & foncières.

XXXVII. Seront pareillement tenus les Fermiers, Locataires, & tous autres Concessionnaires ou Prétendans droit de jouir des Biens nationaux à quelque titre que ce soit, de déclarer dans le même délai, savoir, les Fermiers & Locataires, au Secrétariat des Districts où ils doivent payer suivant les articles XXXI, XXXII & XXXIII, & les autres au Secrétariat des Districts où se trouveront les chefs-lieux d'établissement des corps ou des bénéfices dont lefdits biens dépendront , comment, en vertu de quoi ils prétendront jouir , & de repréfenter & faire parapher leurs titres.

Ils déclareront en outre s'ils ont promis payer quelques fommes à titre de pot-de-vin , figné quelques promeffes ou billets en augmentatiou du prix de leur bail ou conceffion.

XXXVIII. Ceux qui refuferont de faire leur déclaration , & ceux qui feront convaincus d'en avoir fait un : fauffe, ou d'avoir recelé la promeffe de quelques pots-de-vin, feront & demeureront de plein droit déchus de toute jouiffance , & feront condamnés en une amende ce la valeur des fommes qu'ils auroient recelées.

XXXIX. Les fommes dues pour pots-de-vin qui refteront à payer , feront divifées en autant d'années que celles pour lefquelles les baux auroient été faits , & ce qui fera déterminé pour les années antérieures à l'année 1790 , ou pour être repréfentatif des fruits de 1789 , fera payé auxdits Bénéficiers, ainfi qu'il eft dit en l'article XXXII.

XL. Lefdits Receveurs feront tenus de payer au fur & mefure qu'ils recevront, & par numéros des Ordonnances qui feront délivrées par les Directoires de Département , les fommes qui y feront portées ; & , s'il ne fe trouvoit pas de deniers dans leur caiffe , il fera pourvu par le Directoire du D'partement à ce qu'il foit fait des verfemens d'une caiffe de Diftrict dans une autre de fon reffort, & par l'Affemblée Nationale , lorfqu'il s'agira du reffort d'un autre Département.

XLI. Le paiement des traitemens , penfions ou gratications fera fait, pour l'année 1791 & les fuivantes , conformément à l'article XXXVIII du Décret du 24 Juillet dernier; & ceux qui changeront de domicile feront tenus d'en faire leur déclaration au Secrétariat , tant du Diftrict qu'ils quitteront, que de celui où ils iront demeurer; ils feront tenus en outre , quand ils ne recevront pas eux-mêmes, de faire préfenter, par leur fondé de procuration, un certificat de vie qui leur fera délivré fans frais par les Officiers de leur Municipalité.

Le Roi, après avoir accepté & fanctionné lefdits Décrets, a ordonné & ordonne qu'ils feront envoyés, tant aux Corps adminiftratifs qu'aux Municipalités & aux Tribunaux, & exécutés fuivant leur forme & teneur. Fait à Paris le vingt quatre Août mil fept cent quatre-vingt-dix. *Signé*, LOUIS. *Et plus bas*, Par le Roi, GUIGNARD.

A PARIS, chez BAUDOUIN, Imprimeur de L'ASSEMBLÉE NATIONALE, rue du Foin St. Jacques, N°. 31. 1790.